「未来創造学」入門

未来国家を構築する新しい法学・政治学

INTRODUCTION TO FUTURE CREATION THEORY

RYUHO OKAWA
大川隆法

まえがき

未来国家を構築するための新しい法学・政治学を考える際の原型のようなものを本書で提示してみた。新しい国家学の構想といってもよい。

私は従来、個人としての自助努力の大切さや原因・結果の法則を重視し、外部環境に不幸の要因を求めることは、あまり望ましくないことを述べてきた。

しかし、実際に国際政治学的に見るならば、国家の力が強すぎて、政治的自由、経済的自由、学問の自由、信教の自由、職業の自由や居住移転の自由もままならない国もある。資本主義の精神を発揮しても、収入の大半を税金で持っていかれるなら、あっという間に補助金づけの生活難民が大量に出てくる。制度をつくる以前の「思想」のところが大事だと思う。過去に学びつつも、未来のあるべき姿を見すえなくてはなるまい。

二〇一三年　十月二十九日

幸福《こうふく》の科学《かがく》グループ創始者兼総裁《そうししゃけんそうさい》

幸福《こうふく》の科学大学創立者《かがくだいがくそうりつしゃ》　大川隆法《おおかわりゅうほう》

「未来創造学」入門　目次

「未来創造学」入門

――未来国家を構築する新しい法学・政治学――

二〇一三年十月三日　収録
東京都・幸福の科学総合本部にて

4

「未来創造学」入門

――未来国家を構築する新しい法学・政治学――

二〇一三年十月三日　収録

東京都・幸福の科学総合本部にて

1　未来創造学とは何か

幸福の科学大学における「未来創造学」の位置づけ

現在、幸福の科学大学では、文系学部のなかに、「未来創造コース」というものをつくろうとしています。これは、いずれ、学部として独立できるかどうかが、かかっているものでもあります。

そこで、今回、「未来創造学」というものについての考え方を、理念としてお伝えしたいと思います。

すでに、理系のほうでは、「未来産業学部」というものが想定されていますので、その部分に対置されるものになるでしょう。

ただ、この「未来創造」に関しては、文系部門において幾《いく》つかの分野に分かれているのです。

一つには、「人間幸福学部」で、人間に焦点《しょうてん》を当てながら、「幸福学」の観点から未来社会を考えていくやり方があると思います。

また、もう一つは、「経営成功学部」のなかでのやり方です。「経営」とは、「ビジネス」と言い換《か》えてもよいかもしれません。

経済が発達した社会における幸福とは、どういうものであるか。そうしたことについて、ほとんどの人が逃《のが》れることのできないビジネスの世界と絡《から》めつつ、「仕事の上で成功していくことも幸福の基《もとい》であろう」という観点から考えるわけです。

まだ、スタートしていないので流動要因はあるものの、現時点では、「経営成功学部」の一コースに入るものとして、「未来創造コース」を想定しています。

これは、通常、「法学部」や「政治学部」という名前で呼ばれている部分に当たるでしょう。

「経済学」「経営学」に関しては、おそらく、経営成功学部の「経営成功コース」に残ると思われるので、「未来創造コース」では、経済的な面を少し外して、法学や政治学関連、その他「経営成功コース」には入らなかった部分など、そういう方面から見ての「未来創造」について取り上げます。

要するに、産業をつくるのではなく、法律や政治、行政行為《こうい》、および組織理念など、「未来学」の文系的な部分を基礎《きそ》にして、「どのような未来社会を構築していくべきか」という観点から考えてみようということです。

今のところ、既成《きせい》の法学部・政治学部系統に完全に乗るわけではなく、その原点に当たる部分から未来社会を再構築してみようと考えています。

法律や政治を通して未来社会を構築する

根本《こんぽん》に立ち戻《もど》って考えてみるとするならば、国会等では、いろいろと審《しん》議《ぎ》がなされて法律が制定されたり、憲法が制定されたりします。あるいは、さまざまな行政措置《そち》のもとになるものが審議され、内閣等が各省庁を通して行政作用を行っているわけです。

つまり、組織としての国家、あるいは、地方公共団体にとっては、「法律や政治を通して、どのような未来社会を構築していくか」ということが大きな課題の一つなのです。

さらには、「国家 対 国家」の観点からすれば、他の国との外交関係、国際関係等の構築の問題もあるでしょう。この意味で、人間幸福学部の「国際コース」と、一部連動する面があるとは思います。

いずれにしても、「法律をつくったり、さまざまな政治的な議論を重ねたり、国のあり方について審議を重ねたり、あるいは、行政行為を遂行《すいこう》したりしていくなかには、未来国家を構築していこうとする考え方があるのだ」という見方をしているわけです。

これは、「政治とは、創造性の芸術、あるいは、可能性の芸術である」というような考え方を取り入れた見方でもあります。

つまり、政治はいろいろな可能性を秘めているので、どのような政治が行われるかによって、国家のスタイルは変わり、そこに住んでいる人たちの生活も変わり、未来も変わっていくことになるわけです。

また、「そういうことは、身分のある方が考えればよいのであって、庶《しょ》民《みん》は、する必要がない」という考えもあるでしょうが、現代社会は、どちらかといえば、その反対のほうへ向かっているのではないでしょうか。

老荘《ろうそう》思想的に見れば、「鼓腹撃壌《こふくげきじょう》」（『十八史略《じゅうはっしりゃく》』）と言われるとおり、「満腹して腹鼓《はらつづみ》を叩《たた》き、幸福に暮らしておれば、政治のことなど考えなくてもよいのだ。そのようになっているのが、いちばんよい政治なのだ」という考えもありえるかもしれません。

しかし、現実には、今、テレビや新聞あるいはインターネット、その他、いろいろな媒体《ばいたい》を通じて、さまざまな情報が提供されています。また、国民間、あるいは国民と行政機関、国会議員、政府等とも、情報の行き来《き》が当然あります。さらに、選挙という機会を通して、それぞれの意思形成がなされ、その結果によって、未来が大きく左右されるようなこともあるわけです。

こうしたなかで、未来社会を見通した場合、「どのような政治体系が望ましく、どのような法律体系が望ましいのか。また、その根源にあるものとして、どのような政治哲学《てつがく》ないし法律哲学、あるいは、行政理念等が必要であるのか」ということには、なかなか決めがたく、難しいものがあるのです。

もし、それらが、一通りに固まるのであれば、世界は、同じような国ばかりになっているはずですが、現実には、そうなっていません。つまり、「まだ、それぞれの国が、『違《ちが》ったアプローチにおいて、未来社会の幸福が構築できるのではないか』と考えている」と捉《とら》えてよいでしょう。

ただ、お互《たが》いを十分に説得することができず、別の制度や、別の行政形態、あるいは、別の政治形態が存在することを理解し合えないところに、さまざまな外交的な障害や、場合によっては、紛争《ふんそう》や戦争等が起きたりするわけです。

さらに難しいケースとして、政治に「宗教の違い」が絡んでくることもあります。

例えば、「政治と宗教が極《きわ》めて密接な国」もあれば、「分けて考えている国」もあり、「まったく関係のない国」もあるために、政治と宗教の関係における濃淡《のうたん》の違いが、外交問題等を考える上での難しさを生んでいることがあるのではないでしょうか。

2 「社会構造」をどう考えるか

日本で起きた「身分制社会の打破」

「このようにすれば、いったいどのような未来社会が来るか」ということについては、なかなか決定論として言えないところがあります。しかし、そうしたなかで、少なくとも、数十年単位ぐらいの文明実験が、常時、行われており、ときには数百年と続く場合もあるのです。

例えば、日本では、江戸《えど》時代に身分制社会が三百年続いたことがありますが、今であれば、大多数の方は、「それは、あまり望ましいことではない」ということに合意されるのではないでしょうか。

江戸時代は、生まれによって、「士農工商《しのうこうしょう》」、さらに、「その外側にある人」という身分が固定された社会でした。職業選択《せんたく》の自由もなく、侍《さむらい》の世界であっても、上士《じょうし》に生まれるか、下層武士に生まれるかによって違《ちが》ってきます。もちろん、「大名の子に生まれるかどうか」でも違ってくるわけです。

そういう社会には、「秩序《ちつじょ》としては安定している」という見方もあるかもしれません。確かに、それだけをとれば「安定した社会」ではあろうと思いますが、やはり、何百年かの間には、当然、行き詰《づ》まりが出てくるでしょう。

まず人材登用の面において支障が生じてくるはずです。まことに残念なことではありますが、「生まれによって、その人の就《つ》くべき仕事や役職が決まっており、その人の能力や才能によっては決まらない」ということは起きうるだろうと思います。

もちろん、宗教的立場からは、「生まれる前の世界において、自分が生まれる先が予定され、ある程度、決められており、人生設計は百パーセントなされている」という考え方はありえるかもしれません。

ただ、そうだとしても、「社会が変動しないので、侍ならば、侍の家に生まれ続ける。武家社会のなかの医者ならば、そういう医者の家に生まれ続ける。あるいは、歌舞伎役者《かぶき》ならば、歌舞伎役者の家に生まれ続けるなど、そういうことをしないかぎり、その仕事ができない」ということであれば、ある意味で、人間が、この世に生まれてからの可能性に関して、かなりの制約がかかるのではないでしょうか。

そういう場合には、たいてい戦乱の世が来て、下剋上《げこくじょう》が始まり、階層・秩序についての争いが起きます。あるいは、明治維新《いしん》のような一種の革命が起きて、「身分制社会の打破」が行われるわけです。

「自由」と「平等」を求めて社会変革が起きる

西洋社会においても、アメリカ独立革命やフランス革命等、独立、ないしは政体を変更《へんこう》するための革命が行われていますし、イギリスにおいても革命はありましたから、こういうことが起きることもあります。

つまり、人間は基本的に、自由を求めるものですし、自分の才能なり、努力なりが生かせる社会を求めるものなのです。

そして、自由を求めるに当たって、手枷《てかせ》足枷となっている身分制の部分など、生まれついての条件を、できるだけ外していきたいと考える存在です。この意味においての「平等」ということでしょう。

簡単に言うとすれば、「生まれつき、鉄鎖《てっさ》と足枷によってつながれている人々」と、「自由に外を歩ける人々」との違いがあるわけです。ただ、実際のところ、こうした程度の差には、多数の段階があるだろうと考えられます。

それに関しては、「手枷足枷を外して、自由人にせよ」という運動が、当然、起きてくるでしょう。「自由人になりたい」という運動は、平等を求める運動と重なるものがあるわけです。

人間は、主体的に自分の人生を拓《ひら》いていくことができるし、新しい社会を建設していく主役として自分の才能を発揮することができます。また、努力の積み重ねによって、職業を選択し、地位や収入を獲得《かくとく》し、指導者階層に入ることもできるでしょう。あるいは、そういう人たちについていく階層に入ることもありえます。

そのための社会変革が、繰《く》り返し繰り返し起きているのです。

教団のなかで「生まれによる違《ちが》い」を廃止《はいし》した仏陀《ぶっだ》

インドでも、長い間、階層社会が続いています。「カースト制度」があり、生まれによって身分が決まっていたからです。

ちなみに、仏陀《ぶっだ》は、一般《いっぱん》には、このカースト制度に反対したかのように言われていますが、正式に言えば、カースト制度そのものを否定したとは言えない部分もあります。

ただ、ある意味で、仏陀は、仏教教団において、「生まれによる違《ちが》い」というものを廃止《はいし》しました。それに代わって、「修行《しゅぎょう》の年数」や「悟《さと》りのレベル」などを別の尺度として出したのです。

あるいは、「僧侶《そうりょ》としての徳の問題」と言ってもよいかもしれません。後世のものになるかもしれませんが、修行の程度によって、「阿闍梨《あじゃり》」や「大阿闍梨」などというものも出てきたように、修行によって分かれるこ

仏陀《ぶっだ》（釈尊《しゃくそん》）
（紀元前624～同544頃）

ともあったのです。

いずれにしても、出家《しゅっけ》する前には、バラモンという僧侶階級であったり、クシャトリヤという武士・王侯《おうこう》貴族階級であったり、バイシャという商人階級であったり、シュードラという奴隷《どれい》階級であったり、あるいは、その外のアウト・カーストであったり、いろいろあるわけですが、そういう者が、出家して剃髪《ていはつ》し、同じ袈裟衣《けさごろも》を着ることによって一種の平等化がなされます。

「スタート点における平等が確保されて、その後の精進《しょうじん》によって道が変わる」ということが、宗教上は行われていたのです。

「宗教的戒律《かいりつ》」と「現世《げんせ》の法律」との関係

ただ、宗教にもいろいろあり、イスラム教における自由の概念《がいねん》には、多少違うものがあるかもしれません。

例えば、仏教にも戒律《かいりつ》はありますが、もう少し自由度が高いと思われます。

一方、イスラム教においては、「宗教的戒律」と「現世《げんせ》における法律および刑罰《けいばつ》」との関連性がかなり密接であるため、これが宗教的なものにとどまっているのか、あるいは、それ以上踏《ふ》み込《こ》んでいるのかについての判断には難しいところがあるでしょう。

それは、ちょうど、中国の法家《ほうか》思想の「法律による統治」という考え方に似たところまで入り込んでいるかもしれません。

また、経済制度についてまで意見を言っているところもあるでしょう。

例えば、イスラム教には「利子を取ってはいけない」というところまで入り込んでいる面があるために、利子の概念がありません。そこで、利子に当たる部分を別のかたちで考えて、何らかの優遇《ゆうぐう》が生じるような取引形態を編み出したりしているのです。

つまり、「神は利子を取ることを禁じられた」という教えがあるから、そのようになるわけです。

このように、「社会構造をどのように考えていくか」ということについては、いろいろな要素や先入観、あるいは、思想や哲学《てつがく》の影響《えいきょう》を受けていますし、過去、さまざまな文明実験が重ねられてきました。

3　民主主義社会の「現実」と「理想」

「民主主義政治」と「哲人王《てつじんおう》による政治」

社会構造については、いまだ最終形態として、「これなら絶対に大丈夫《だいじょうぶ》」と言えるものはないと言えるでしょう。

例えば、フランシス・フクヤマ氏が、『歴史の終わり（上）』（三笠書房《みかさしょぼう》）のなかで、「民主主義は最終形態である。そういう意味では、これが、政治の終焉《しゅうえん》形態なのだ」というような意見を出したことがあります。

一方、二千五百年ほど前、プラトンの時代には、必ずしも民主主義政治が、理想的なものとは思われていませんでした。「民主主義政治は、すぐ衆愚政《しゅうぐせい》に堕《だ》するものである。それよりは、哲人王《てつじんおう》の理想的な政治のほうが優《すぐ》れている」という考えもあったのです。

言葉を換《か》えれば、「名君《めいくん》による君主制でも、立派な政治がありうる」ということであり、その変化型もありうると思うのです。

プラトン
（紀元前427～同347）

要するに、プラトン的なものは、どちらかというと、「哲人王と言うべき、有徳の人が治める国がよい」という考えでありましょう。そのように、哲学としてあるだけではなく、現実に、人望や徳望のある君主に治められれば、国民は幸福に暮らすことができるのです。ただ、ときどき悪王が出てきて、ひどいことをするために、「王、あるいは、権力者に対する、何らかの牽制《けんせい》措置《そち》が成り立たねばならない」ということになるわけです。

イギリスで言えば、マグナ・カルタ（大憲章）の制定（一二一五年）以降、王と統治される側との間にも憲章があり、民衆側に対して、一定の自由の確保が守られなければいけないことになりました。これは、ある意味で、王の権限の制約でしょう。「制約事項《じこう》が契約《けいやく》として成り立たねばならない」という考え方が出てくることもあるのです。

投票制民主主義が生まれた背景

こうしたことについては、近代以降、さまざまな試みがなされていきます。

例えば、モンテスキュー流の「三権分立」的な思想です。アクトン卿《きょう》

シャルルル・ド・
モンテスキュー
（1689～1755）

（イギリスの歴史家であり政治家）が言うとおり、「絶対権力は絶対に腐敗《ふはい》する」がゆえに、司法・立法・行政の三権が、権力を分け合って牽制し合うスタイルをとりました。

これは、ある意味での「権力の性悪説《せいあく》」でしょう。

このように、「一元管理された場合には、必ず、腐敗し、堕落し、人々を抑圧《よくあつ》する体系が出来上がるがゆえに、三権分立的な制度を立てるべきだ」という考え方もあるわけです。

また、これは、ある意味で、投票制民主主義ともつながっていくもので

ジョン・アクトン
（1834～1902）

はあります。国民のなかでも「有権者」として認められる者の層は時代とともに変遷《へんせん》してきたわけですが、「ある程度、国民を代表する者の投票によって選ばれた人が法律をつくる」とか、あるいは、「投票そのもので最終的な形態を選ぶ」とかいうことがありえるからです。

つまり、法律の制定、法律の形成に関して国民がかかわっていく制度も、近代以降にはできているわけであり、便宜《べんぎ》的な手段として「投票制度」が整備されるなど、便利になっていくことにより、その加速度を増しているわけです。

民主主義社会に生まれた「マスコミ権力」

ところが、われわれ現代に生きる者にとって、民意が反映される社会は非常によいものであるにもかかわらず、場合によっては、「憲法の想定していない『影《かげ》の権力』なるものもありえるのではないか」という恐《おそ》れも出てきています。

例えば、現行の日本国憲法を読むかぎり、マスコミ権力についての規定は、どこにもありません。

「表現の自由」や「言論の自由」「出版の自由」等の項目はありますし、

さらに根源的には、「思想・信条の自由」等があります。

また、「言論の自由」のなかには、「信教の自由」が投影《とうえい》されることもあろうかと思いますし、そうした意見を発表したり、それを本にしたりする自由、あるいは、「結社の自由」のようなものはあるわけです。

しかし、司法・立法・行政に対抗《たいこう》し、牽制しうるだけのマスコミ権力は、憲法上で制定されていません。

ただ、制定されてはいないけれども、現実には、現代社会においてマスコミがそうとう大きな力を発揮しています。

また、そうしたものは、「無名の権力」と言われていますが、「無名」と言われつつも、株式会社形態など、何らかの大きな組織形態を持っており、全国紙など全国ネットを持っているところになると、そうとう大きなシェアがあるわけです。

テレビであれば、十パーセントぐらいの視聴率《しちょうりつ》があるのは普通《ふつう》ですし、それが、二十パーセント、三十パーセント、あるいは四十パーセント、五十パーセントと上がる場合もあります。電波によって一定の意見が流され続けた場合、国民の多くは、それを全国民の意見であるかのように錯覚《さっかく》することもありうるでしょう。

戦前・戦中の反省から定められた「検閲《けんえつ》の禁止」

新聞については、国民であっても、全紙、読んでいるわけではありません。それぞれの家庭で、主だった新聞を一紙だけ取っていることがほとんどです。

また、たいていの場合、テレビ欄《らん》しか見ず、従来は、それだけのために新聞を取っていることも多かったのですが、だんだん、新聞を取らなくてもテレビ番組ぐらいは分かるようになってきたため、「いちばん後ろの面でテレビ番組を確認する」という新聞の〝役割〟が、次第《しだい》しだいに終わりつつあります。

それでも、一紙をきちんと読んで、その影響《えいきょう》を受けているとするならば、数百万から一千万近い人までが影響を受けていることになるでしょう。その家族を入れると、二倍、三倍の影響力が出ている可能性もありますから、そうとうな影響力があるのではないでしょうか。

これについては、法制度として不備があり、国家の制度として考えた場合、ここをチェックするものは基本的にありません。

その反対に、憲法では、「検閲《けんえつ》の禁止」等が定められています。

例えば、戦争中は、軍国主義国家を実現するために、それに反対の論調を、新聞やラジオなどで流されたり、あるいは、本を出版されたりしないように、事前にチェックしていました。

新聞のある部分が印刷されないまま白紙で出されることがありましたし、本であっても、政府批判に当たるもの、政府がよくないと認定するものに関しては、肝心《かんじん》なところを伏《ふ》せ字にして出せなかったことや、場合によっては、発禁処分になったことも、たくさんあったわけです。

そういう戦前・戦中の事態に鑑《かんが》みて、戦後は、「権力による抑圧・抑制」を極力少なくするような動きがあるのです。

マスコミ型民主主義の問題点

ただ、もう一方で、「言論機関の持つ権力が非常に大きくなっているにもかかわらず、その責任問題が十分には解決されないでいる」という問題があります。

例えば、言論機関における、個別の不法行為《こうい》については立件できるかもしれません。「個別にやったことが、ある人の名誉《めいよ》を傷つけた」とか、「間《ま》違《ちが》った報道によって会社が大きな損失を被《こうむ》った」とか、そういう個別のものについての救済は、法律的にも、裁判においても成り立つわけです。

しかし、マスコミが全体として、イナゴの大群のように動き始めた場合には、もはや、どうにもなりません。

それについて、法律による救済、あるいは、裁判による救済を求めても、この世的には時間がかかりすぎてしまいます。数年、あるいは、十年、二十年かかることは当たり前の事態であるため、毎日毎日、刻一刻、情報を流し続けるような機関に対しては、少なくとも時間速度から見て、対抗の余地がほとんどないのです。

最近では、個人に対する名誉毀損《きそん》等についても、賠償《ばいしょう》額が上がりつつはありますが、従来は、百万円を超《こ》えることはなかなかなく、「賠償金が十万円でも二十万円でもいいから、とにかく、どちらが有利かを明らかにすれば、気分を晴らせる」という程度の結果に終わっていました。そのため、裁判手続きに伴《ともな》う弁護士費用、その他を考えると、裁判を起こすことは、あまり有利ではない状況《じょうきょう》が長く続いていたのです。

これは、つまり、消極的司法主義なのかもしれません。「裁判で争えば、どちらにしても損だ」ということになると、結局、「お互《たが》いに、そういうことはしない」というような、訴訟《そしょう》の少ない社会になるわけです。

しかし、これには別の意味で、隠《かく》れた犯罪を誘発《ゆうはつ》したり、あるいは、非合法な社会や闇《やみ》社会の力を増したりする〝効果〟もあります。

要するに、「暴力団、ヤクザ、あるいは、それに類した人による、非合法な脅《おど》しや暴力等で解決してしまう」ということもないわけではありません。司法による救済が十分でなければ、そういうことがありえるのです。

そういう意味では、戦後、マスコミ型の民主主義が、かなり重視され、称揚《しょうよう》されたのですが、現代社会においては非常に問題が多くなり、人権の値打ちが高い国家ほど、大きな問題になりつつあります。

例えば、アメリカのような国では、名誉毀損であっても、人によっては十億円や数十億円の賠償金が認められることもあるわけです。

言論機関が政府の支配下に置かれている〝独裁主義的国家〟

その一方で、やや独裁主義的な傾向《けいこう》が強い国家においては、大きな権力に押《お》さえつけられるようになっています。そもそも、言論機関そのものが、完全に政府の支配下に置かれているような国家においては、言論機関に対する訴《うった》えなど、ほとんど聞かれないも同然でしょう。政府も、裁判所も、言論機関も、実は、同じ価値観で支配されていることは十分にありうるのです。

かつて、日本の支配下にあった国では、戦争中の日本の主導的な空気がいまだに残っているところがあるため、現在の中国や北朝鮮《きたちょうせん》、韓国《かんこく》などの政府の考え方、言論機関の考え方、あるいは、司法機関の考え方等には、意外に終戦前の日本の時代のそれとよく似たものが色濃《いろこ》く残っているのではないでしょうか。

要するに、ある意味で、言論が一元誘導《ゆうどう》され、政府の利害に反するようなものを出しにくい状態になっており、そういうことをすれば、戦争中の日本と同じように「非国民」と言われることになりやすいわけです。

さらには、自国の文化を害するような外国文化の流入を避《さ》けるため、さまざまな障壁《しょうへき》によって妨《さまた》げようとする国家もあります。小説であれ、芸術であれ、映画であれ、音楽であれ、歌や踊《おど》りであれ、いろいろなものについて、自分たちが「敵性文化」と見なしたものに対しては、流入を避けるべく、入れないように制限をすることが数多く行われるわけです。

このようなことが、いまだに堂々とまかり通っている国家もあります。

民主主義の本質的違いを「平等観」から洞察《どうさつ》する

ただ、世界にはいろいろな国家があり、国名に「民主主義」を謳《うた》っているところも多いのですが、それらの国の民主主義の本質としては、結局のところ、どこに違いがあるのでしょうか。

それは、「『政治に参加していく』という意味での『機会の平等』、つまり、『政治参加の平等』が与《あた》えられ、その人たちに発言や行動の自由が認められている民主主義国家」と、「『結果平等』を中心とする、ある意味での抑圧的なかたちの民主主義国家」とがあるということです。

後者は、名前だけの民主主義国家であり、平等は平等でも、いわゆる共産主義が批判される場合と同じような「結果平等」の状態しかありえません。

そのため、結果平等に反することをした者は、すぐさま犯罪人として告発され、「いろいろな犯罪を犯《おか》した」と称して〝消されて〟いくこともあります。

たとえ政府高官であったり、企業《きぎょう》のトップであったり、あるいは、大統領であったりした者でも、政権が替《か》わると、すぐ犯罪人に身を落とされて「刑務所《けいむしょ》入り」になるような国も、いまだに連綿と続いているでしょう。

そして、「権力のある立場を利用して、いろいろな賄賂《わいろ》をもらった」とか、「横領をした」とか、あるいは、「政治権力でもって得た経済的利得が親族や自分の関係者に及《およ》んだ」とか、さまざまな理屈《りくつ》があとからついてくる場合もあるわけです。

このように、民主主義一つをとっても、それほど簡単なものではありません。

あえて言うならば、「生まれにおける身分や経済レベルに関係なく、一定の教育を受けられる条件が整っており、その教育を受けることによって才能や能力が開花し、自由な職業に就《つ》くことができて、努力や自由な切磋《せっさ》琢磨《たくま》によって行き先がいろいろ変わってくる」ということです。

しかし、最終的な形態としては、人間間《かん》の格差が「独裁者 対 奴隷《どれい》」ほど開《ひら》くようなことはないあたりに社会の均衡《きんこう》を見いだすのが、現時点での一定の機能だとは思います。

民主主義社会におけるマスコミ本来の役割とは

そういう社会においてマスコミが果たす機能としては、前述の内容と逆になる部分もありますが、悪い権力者や、不当に利得を得ている者、法の抜《ぬ》け道を使っている者など、こういう者について告発する記事を書くことです。

その場合、名誉毀損等について、よく争いになったりするわけですが、告発記事によって、「腐敗した部門や、独裁的な傾向がある者を排除《はいじょ》する」という機能があるのです。あるいは、「そういう〝怖《こわ》い部門〟があることによって、自制させる」という機能もないわけではありません。

ところが、日本では、昨今《さっこん》の消費税増税の流れが起きているなかで、ある週刊誌に、「日本の大金持ちと言われる、ニュービジネスの旗手たちなど十人ほどの財産に、一律、九十パーセントの財産税をかければ、五兆円ぐらい取れるので、これ以上消費税を上げる必要がなくなる」というような記事が出ています。

確かに、「十人が不幸になっても、残りの一億二千万人に何も影響がないならば、こちらのほうがよほど得ではないか」と言われた場合、数の原理からは、そう思う人が圧倒《あっとう》的に多いでしょう。

その〝狙《ねら》い撃《う》ち〟された人たちも「一人一票」なので、政治的には、投票行為《こうい》によって戦うことはできません。「個人的に、支配階級と何らかのパイプがある」ということでしか、おそらく対応はできないでしょう。

いずれにしても、そういうこともありえるわけですから、流動する社会のなかで、何を「理想」とし、何を「よくないもの」と考えるかは、実に微妙《びみょう》なところだと思います。

4 「自由」を担保するもの

現在も国際レベルで起きている「奴隷的拘束《どれいてきこうそく》」

また、日本国憲法においては、「奴隷的拘束《どれいてきこうそく》」や「苦役《くえき》」が排除されています（第十八条）。現実に、今の日本において奴隷的拘束や苦役があるとは思えませんが、かつて奴隷制度があったような国においては、当然、憲法にあったほうがよい規定ではあるでしょう。

ただ、かつて奴隷の扱《あつか》いがあり、奴隷の売買が成り立っていた国がありましたが、現在でも、ある意味で、そういうものはあるのです。

例えば、日本は「自由の国」ではありますが、一種の奴隷として売り飛ばされて日本に来ている人も、いないわけではありません。

特定の国の名前は挙げませんが、中南米あたりの国から、トラフィッキング（人身取引）によって、大人や十代後半ぐらいの女性等が借金のかた・・に売り飛ばされ、新宿《しんじゅく》やその近辺などで働かされているようなケースがよくあるようです。

たいていの場合、借金を押《お》さえられ、逃《に》げられないようにされているので、これは一種の奴隷的拘束に当たると思います。日本に入国するまでの間に、船賃《ふなちん》などのいろいろな費用がかかっていますし、そもそも、売られるに当たっては、家庭の問題とか、両親や家族等の身内の病気とか、さまざまな事情があり、そのお金を用立ててもらったりしたのかもしれません。

しかし、昔の「身売り」に近いようなことが、現在でも国際レベルで起きているのです。

そして、日本の国民ではないとしても、そこに暴力団系の人たちが入ってきて「人身の自由」を奪《うば》っているという現象が、現実にあるわけです。

「奴隷《どれい》解放宣言」後も百年続いたアメリカの黒人差別

ただ、こうしたことは、最近まで、ほかの国でもあったことであり、例えば、アメリカには、黒人奴隷《どれい》が近代まで存在していました。

リンカンの時代に、やっと「奴隷解放宣言」（一八六三年）が出たものの、まだ黒人と白人が平等になったわけではありません。その後、ケネディの時代以降に「公民権

エイブラハム・リンカン
(1809～1865)

法」（一九六四年）によって黒人が白人と同等の権利を持つようになるまで、百年ぐらいの時間がかかっています。

それまでは、「バスの座席が分かれている」とか、「同じ学校には通わない」とか、「同じトイレは使わない」とか、こうした差別がありました。

また、最近、私は「42～世界を変えた男～」という映画の予告編を観《み》たのですが、そのなかで、「アメリカのメジャーリーグでは背番号42番が永久欠番になっており、年に一度、全チームの選手がその42番を付けてプレーする」というようなことを言っていました。

その映画は、ある黒人選手の話で、「最初はものすごく差別され、『野球は白人のゲームなんだ。黒人なんか出ていけ！』などと言われて非常にいじめられていたのが、次第《しだい》に名選手として認められ、受け入れられていく」というストーリーです。

その選手の背番号42番は、引退後に永久欠番とされ、年に一度、その人を記念して、イチロー選手を含《ふく》めて全員が42番を付けるのだそうです。

このように、アメリカも、リンカンの奴隷解放宣言から、実際に平等になるまでには、そうとうな時間がかかっています。

「悪平等」が広がると、勤勉に努力した人たちが損をする

また、アメリカでは「大学に入るときに、一定の率の『黒人枠《わく》』を設《もう》け

なければいけない」など、いろいろな苦労はあるようです。

しかし、それが行きすぎると、今度は、ある種の左翼《さよく》思想になり、国全体が沈《しず》んでいくようなこともないわけではありません。

現在、新聞等の報道によれば、アメリカの議会が紛糾《ふんきゅう》しています（説法《せっぽう》当時）。下院は共和党が多数のため、オバマケア（医療《いりょう》保険制度改革）をめぐる対立のせいで予算案がどうしても通過せず、「八十万人もの公務員が自宅待機になる」という、日本ではめったに見られない状況《じょうきょう》が起きているのです（注。収録後の十月十七日〔日本時間〕、上院と下院で暫定《ざんてい》予算案が可決された）。

要するに、日本においては、ずっと以前に実現した国民皆保険《かいほけん》を、ずいぶん後《おく》れてアメリカが目指そうとし始めたところ、なかなか通らない状況にあるようなのです。

アメリカでは、もともと、日本よりも貧富《ひんぷ》の差が激しいところがありましたし、成功者に対する評価等に関しても、「怠《なま》け者に対する厳しい目」というのが、はっきりしていました。

やはり、現実問題として、「貧しい」ということが、全部が全部、「いかなる努力をしても、豊かになることはできない」ということではないのも事実でしょう。

例えば、勉強が嫌《きら》いで途中《とちゅう》から学校に行かなくなったり、犯罪行為《こうい》に手を染めたり、麻薬《まやく》などに手を染めたり、あるいは、異性にのめり込《こ》んで勉強しなくなったり等、そういう個人的理由によって、実際上、よい職に就《つ》けていない場合もあります。また、環境《かんきょう》要因によって、そのようになっている場合もあるわけです。

そういう意味で、その見立てはとても難しく、一律に同じように扱おうとすると、資本主義的に勤勉に努力した人たちが損をする部分が多くなりすぎるのではないでしょうか。

アメリカの建国の理念の一つは、「人間平等」ということですが、別の面から見ると、そこには人間平等ではないところがあります。つまり、「ある意味での『悪平等』が実現しようとしているのではないか」と思うのです。

オバマ氏のように、黒人に生まれて、いろいろと不遇《ふぐう》な環境のなかをくぐって出世してきた方にとっては、「多くの仲間を救う」ということは当然の考え方であったとしても、やはり、それを受け入れない人たちはいます。

そして、その人たちの考えのなかには、間違《まちが》った面もあるでしょうが、一定の真理が含まれている場合もあるわけです。

「財産権の保障」が人間の自由を担保する

これは、一種の「財産権」に関する問題になるのかもしれません。人間の自由を担保しているもののなかには、どうしても財産権というものがあるからです。

「あなたは自由人ですよ」といくら言われたところで、財産権が保障されずに、財布《さいふ》を取り上げられ、預金を封鎖《ふうさ》されたら、どうでしょうか。

「あなたは、今日から自由の身ですから、どこへでもどうぞ」と言われて刑務所《けいむしょ》から出されても、財布もなく、預金もなく、お金をくれる人もいないような状態で、自由が得られるかといえば、それは無理です。そこには「野良犬《のらいぬ》の自由」しか存在しません。

やはり、財産権の調整に対して、国家が果たせる役割もあるでしょうが、自由の確保のためには、「どの程度、個人の財産を保障するか」という問題は、どうしても入ってきます。そして、「どの程度保障したらちょうどよくて、どの程度保障したらやりすぎなのか」という判断には、極《きわ》めて難しいものがあるのではないでしょうか。

5 税金に対する考え方

高すぎる税金は「奴隷的拘束《どれいてきこうそく》」に近い

税金は、「奴隷的拘束《どれいてきこうそく》」や「苦役《くえき》」とは別のものだと思われがちですが、場合によっては、それに近いことが起きることもあります。

日本でも、戦後の一時期に、最高税率が九十パーセントぐらいまで行っていたことがありました。それはちょうど、松下幸之助《まつしたこうのすけ》氏などが長者番付に載《の》っていたころですが、彼の場合、年収が十億円で、九億円が税金だったため、「一億円の手取りをもらうためには、十億円の収入がなければならず、九億円は税金で取られるのです。これが本当にフェアな社会でしょうか」というようなことを何度も何度も訴《うった》えていたのです。

年収が一億円もない人からすれば、「一億円もあるならよいではないか」という言い方も当然あるでしょう。しかし、十億円の年収を挙げようとしたら、普通《ふつう》の成功では無理です。それにもかかわらず、その九割を税金で取られる社会というのは、はっきり言って、「あこぎな社会」だと言わざるをえません。

その九億円が、ほかの人のために使われるのは、よいことかもしれないとはいえ、「ただ、いくら何でも人権無視ではないか」という感情が働くことには、想像に難《かた》くない面があります。

その後、最高税率はじわじわと下がってきて、五割ぐらいになっていましたが、今、それがまたリバウンドして上がろうとしています。

イギリスでは、一時期、対象によっては最高税率が九十八パーセントぐらいまで行っていたときがありますが、そこまで行くと、ほとんど「奴隷的拘束」に近いかもしれません。

「十億円を稼《かせ》いでも、九億八千万円が税金」というのは〝地獄《じごく》〟であり、これでは、実際上、十億円を稼ぐために働く人はいなくなると考えてよいでしょう。二千万円以上の税金になる部分を稼ごうと思う人は、いなくなるのが普通です。

「富の集中」が国富を増やす

そうなると、財閥《ざいばつ》などの豊かな家系は、おそらくなくなるでしょうから、結果として、多くの人を雇《やと》って事業を起こすような人の進出を妨《さまた》げる効果もないわけではありません。

資本主義においては、やはり「富の集中」が非常に大事であって、「富が集中しないと大きな事業ができない」ということは、ここ百年余りの歴史のなかで、当然、起きてきていることです。

要するに、富の使い方をよく知っている人のところに富を集めたほうが、この世の経済原理はうまく働くことが、経験則上、分かっているわけです。

「財閥は悪だ」という見方もあるかもしれませんが、「財閥をつくれるような人のところに富が集まることによって、大きな会社ができ、大勢の人を雇えるようになる。そして、大きな仕事ができるようになり、国富が増えていく」という考えもあるので、このへんの兼《か》ね合いは、実に難しいところでしょう。

戦後、アメリカの占領軍《せんりょう》が日本の財閥解体を進めたのを見れば、「財閥のあることが国を強くする」ということを、彼らはよく知っていたのだろうと思います。財閥を解体して中小企業《きぎょう》に分けていけば、国力が落ちることを十分に知っていたと思われるので、このへんには微妙《びみょう》な兼ね合いがあるのです。

財閥に関して言えば、今の芙蓉《ふよう》グループの前身である安田《やすだ》財閥の創始者で、東大の安田講堂を寄付した安田善次郎《ぜんじろう》という人がいます。彼は、実際には、ほかにもいろいろと寄付をしていたようなのですが、「実名で行うと品位を穢《けが》す」と考えて匿名《とくめい》で行っていたため、世間《せけん》からは〝銭《ぜに》の虫〟〝銭儲《ぜにもう》けの虫〟と思われ、最期《さいご》は暗殺されてしまいました。

現在は、「安田講堂」などが遺《のこ》っ

安田善次郎《やすだぜんじろう》
(1838～1921)

てはいるものの、名前を出さずに寄付を行っていたという善行《ぜんこう》が仇《あだ》となり、恨《うら》みを買って殺されるようなこともあったわけですから、このへんの兼ね合いは重要でしょう。

世の中に貧しい失業者がたくさん出てくると、富んでいる者が恨まれることもあるため、このへんの調整機能役としての政府がどうあるべきかは、本当に難しい問題だと思います。

この調整の仕方を間違《まちが》えると、医者が診断《しんだん》を誤った場合と同じように、国力が急速に落ちていくことになるわけです。

税金がもとで戦争が起きることもある

先般《せんぱん》の消費税上げをめぐる問題でも、最近の経済状況《じょうきょう》を見ると、株価が半年ぐらいで倍増に近い値上がりをしたこともありますし、「四～六月期」の数字（ＧＤＰ成長率）について操作があったのかどうかは知りませんが、なぜか、「以前の数字よりも一パーセント上がった」という発表があったりしました。

ただ、このへんについては、どちらが先なのか分からないところがあります。消費税を上げることが先に決まっていて、そういう発表になったのか、それとも、そういう発表があったから消費税を上げることになったのか、同じところが行っているので何とも言えません。

「税金も、ある意味においては、人権を抑圧《よくあつ》する手段や、政府に反対する者への攻《せ》め道具になる」ということは、十分に知っていなければいけないと思います。

そもそも、アメリカの独立戦争のもとになったのは、「ボストン茶会事件（ボストン・ティーパーティー事件）」でした。

近年、アメリカでまた「ティーパーティー運動」（「小さな政府」を求める保守派の草の根運動）が盛《さか》んになったりしていますが、当時は、紅茶をイギリスからアメリカに輸入するに際して、高い税金をイギリスに払《はら》わなければならず、紅茶を自由に楽しむことができなかったのです。
「自由にお茶が飲める」というのは、個人の自由権に当たるものなので、高い紅茶しか飲めないことになると、やはり人権侵害《しんがい》になりかねない面があったのでしょう。

今から見ると、少し不思議な感じがしますが、わずか十三州ぐらいしかなく、清教徒《せいきょうと》が逃《のが》れてきてつくったばかりの小さな国が、当時の大英帝国《だいえいていこく》と「戦争も辞《じ》せず」ということで、茶箱を海に投げ捨ててでも抵抗《ていこう》をし、やがて、税金の問題から独立運動へと飛び火して、独立戦争につながっていったわけです。

つまり、お茶にかけた税金が原因ですから、日本で言えば、日本茶にものすごい税金をかけられて、「お茶が高くて飲めなくなるのは許せない」というようなことでしょう。そういうことに相当するのかもしれませんが、そのへんから起きたことは知っておいたほうがよいと思います。

「税金のために戦争さえ起きる」ということであり、バカにしてはいけません。

そういう意味で、「大多数が暴発しないようにするために、少数の者に的《まと》を絞《しぼ》って税金をかけていく」というやり方は、投票が重視される国家においては、非常に狙《ねら》いやすいことになります。

前述したような、「十人ほどの資産家を狙い撃《う》ちにして財産税をかければ、五兆円ぐらいの税収を軽く挙げられる」というようなやり方は、闇討《やみう》ちに近いものではありますが、現実に、そういうことができないわけではないでしょう。

ただ、そのあとは財産がなくなるので、もはや裕福《ゆうふく》ではなくなり、大企業のオーナーとしての地位を維持《いじ》することは困難になってくるはずです。そういうことをされたら、おそらくは、一サラリーマンとしての立場に戻《もど》っていくことになると思われます。やはり、企業の成長力を止める力が一定のレベルで働くことになるのではないでしょうか。

6 税制に潜《ひそ》む問題点

「個人の自由」や「企業《きぎょう》の自由」を圧迫《あっぱく》しうる「税制」

あまり政府批判をすると、財務省などが手を回して文部科学省の予算を抑《おさ》えに入ってくるかもしれないので、今後、幸福の科学大学について認可されるものも認可されなくなる恐《おそ》れがありますし、「大学に補助金が出ることを知っているのかな?」というような脅《おど》しもありえるので、非常に言いにくい面はあるのですが、学問の自由の範疇《はんちゅう》において、多少、意見を述べておきたいと思います。

やはり、税制には、「個人の自由」と「企業《きぎょう》の自由」の両方を圧迫《あっぱく》するものがあるのです。

例えば、宗教法人法には、「租税徴収権《そぜいちょうしゅうけん》をもって宗教弾圧《だんあつ》をしてはいけない」という趣旨《しゅし》のことが明確に述べられています（第八十四条）。

それは、憲法で政教分離《ぶんり》が定められ、国家が宗教に対する弾圧をしてはいけないことになっていても、例えば、租税法のほうで、宗教に九十パーセントとか九十九パーセントとかの税金をかけてしまえば、宗教を〝殺す〟のは簡単だからです。お金を全部取り上げれば、基本的に潰《つぶ》せるのです。

憲法でいくら宗教弾圧が起きないように保障しても、法律でそういうことができるのであれば、宗教を潰せなくはありません。そのことを憂慮《ゆうりょ》して、宗教法人法には、「租税徴収権を用いて宗教弾圧に当たることをしてはならないこと」や「宗教性を十分に尊重しなければならないこと」などが書かれているのです。

ところが、マスコミのほうは、「ほかの企業等は、税金で非常に苦しんでいる。例えば、消費税上げで、企業がバタバタ潰れたり、失業者が溢《あふ》れたりする可能性があるのに、宗教だけが優遇《ゆうぐう》されている」と言って焚《た》きつけるわけです。

要するに、宗教法人においては、収益事業には税金がかかっているものの、その場合でも軽減税率が適用されていますし、そもそも宗教本来の活動に関しては税金がかからないことになっているからです。

それに対して、「けしからん。宗教にも、企業と同じように税金をかけよ」というような運動をされたら、現実問題として、潰れる宗教が数多く出てくるでしょう。

実際に、跡継《あとつ》ぎ問題で悩《なや》んでいる弱小宗教は数多くあり、お寺や神社の跡継ぎを確保するのは大変な状況《じょうきょう》なのです。

もし、宗教がものすごい権力や財産を生むものであるならば、跡継ぎのなり手はいくらでもいるでしょうが、「収入は少ないし、仕事は尊敬されないし、将来の夢がない」と思っているような小さな宗教があちこちにあって、事実上、〝倒産状態《とうさん》〟になっているわけです。

「教会が潰《つぶ》れている」という新聞記事の意図を見抜《みぬ》く

先日、朝日新聞の四面あたりに当会の書籍《しょせき》広告が載《の》っていたのですが、『フロイトの霊言《れいげん》』（幸福の科学出版刊）を中心に、マルクスやニーチェ、ダーウィンなどの霊言集の広告が並んでいたため、私の三男はそれを見て、一言、「ああ、地獄《じごく》霊シリーズだね」などと言っていました（『マルクス・毛沢東《もうたくとう》のスピリチュアル・メッセージ』『公開霊言 ニーチェよ、神は本当に死んだのか？』『進化論—150年後の真実』〔いずれも幸福の科学出版刊〕参照)。

その広告には、「フロイトは地獄に堕《お》ちていた」という文章をはじめ、「無神論・唯物論《ゆいぶつろん》の結果、どういうことが起きたか」ということを糾弾《きゅうだん》する内容が載っていたので、「朝日にしては珍《めずら》しい。よくこんな広告を載せるな」と思ったのですが、その翌々日には、「イギリスなどで、多くの教会が潰《つぶ》れている」という記事が出ていました。

「教会が潰れて身売りし、イスラム教のモスクに変わったり、あるいは、サーカス学校に変わったり、さらには、ロックなどをみんなで歌ったりするコンサート場に変わり、そこで無神論者の集会が派手に行われている」という記事が載っていたので、「これは、いかなる真意が裏にあるのだろうか」と、私は考えました。

おそらくは、「新聞の読者には二種類あって、信仰深《しんこう》い人もいれば、信仰深くない人もいるから、信仰深くない読者が購読《こうどく》を中止する前に、両方の意見を出しておこう」と考えたのでしょう。それで、「宗教は廃《すた》れている」という記事も出したのではないかと思います。

「無神論・唯物論の結果は、大変なことになるぞ」という広告を載せたら、そのあとで、「無神論・唯物論が流行《はや》っていて、教会が潰れているぞ」という記事も出し、新聞購読を打ち切られる前にバランスを取ったのかもしれません。

世間《せけん》に迎合《げいごう》して宗教批判をする、ひろさちや氏

また、私の家族の話によれば、先日、テレビ朝日で伊勢神宮《いせじんぐう》の式年遷宮《しきねんせんぐう》のニュースをやっていたとき、古舘伊知郎《ふるたちいちろう》氏が、「神様にお願いごとをする前に、感謝をするようにしなければいけませんね」というようなことを〝のたまった〟とのことです。

それで、とても驚《おどろ》いたようなのですが、私はそれを聞いて、「ほう、そんなことを言ったとは、おそらく、古舘氏は、ひろさちや氏の本を読んで、何か語ろうとしたに違《ちが》いない」と思いました。

ひろさちや氏は本のなかで、「祈《いの》りには、『請求書《せいきゅうしょ》の祈り』と『領収書の祈り』とがあるが、『請求書の祈り』をする間違った宗教が多い」ということを書いています。

要するに、「神社・仏閣、教会等で、神仏に対し『何々を叶《かな》えてください』とお願いばかりして、おねだりをするような宗教は間違った宗教であり、『これだけ頂いて、ありがとうございます』と感謝し、『領収書の祈り』をする宗教は正しい宗教である」というわけです。

ひろさちや氏は、そういうことを言って金儲《かねもう》けをしているのですが、おそらく、古舘氏は、そのあたりの入門書レベルの宗教書をチラッと読んでから、伊勢神宮について何かコメントしようと思ったに違いありません。

間接的な情報ではありましたが、その話を聞いただけで、私にはピンとくるものがあり、そのあたりまでつながってくるものなのです。

しかし、それが宗教論のすべてでないことは当然でしょう。「宗教が、単なるお金集めの手段に成り下がっている」という前提の下《もと》に言っている、宗教評論家の批判にすぎません。要するに、彼は世間《せけん》に迎合《げいごう》しているわけです。

ちなみに、彼は、そういう本をたくさん書きまくって何億円も稼《かせ》ぎ、自宅のマンションに現金を貯《た》め込《こ》んでいたらしいのですが、泥棒《どろぼう》に入られて一億円か二億円ぐらいを盗《と》られたことがありました。

そのときに、彼は、悔《くや》し紛《まぎ》れに、「泥棒さん、ありがとう。私が儲けすぎたお金を盗っていって、貧しい人たちに撒《ま》いてくれるのだろうから、ありがたい」というようなコメントを出していたので、「よく言うなあ」と思いましたし、むしろ、「そんな中身のない本を書いて荒稼《あらかせ》ぎするものではありません」と言いたいところです。

「宗教の悪口や、宗教を貶《おとし》めるようなことを書きながら、宗教の専門家として本を売るようなことをしているから、罰《ばち》が当たって泥棒に入られたのです。素直《すなお》に反省しなさい」と、私は思いましたが、彼は、「自分がお金を持ちすぎているので、泥棒さんがわざわざ持っていってくださったのだろう。ありがたいことだ」などと言っていたわけです。

そんなことに感謝していたら、また泥棒が来るのではないかと思いますが、おそらく、そうは言いつつも、セコムやALSOK《アルソック》などと契約《けいやく》しまくっているに違いないでしょう（笑）（会場笑）。おそらく、警戒《けいかい》して自宅にはお金を置かないようにしていると思われます。

消費税を「公平な税制」と美化する財務省

このへんに関しては、いろいろな思いが錯綜《さくそう》していますが、いずれにせよ、「税金も一つの強制権力であり、場合によっては、『人間の自由』を奪《うば》うこともあれば、『結社の自由』『企業存続の自由』を奪うこともあれば、また『家族の存続』を奪うこともありえる」ということは知っておいたほうがよいのではないでしょうか。

この点については、認識不足の方もいると思いますけれども、やはり、適正限度というものはあります。ただ、このへんの調整には、実に難しいところがあるのです。

また、日本国憲法には、「国民は、納税の義務を負う」と書いてありますが（第三十条）、罰則《ばっそく》が書かれているわけではありませんし、この納税の義務を負うに当たっては、ほかの法律によって納税の基準がいろいろ設《もう》けられていて、現実には税金を納めなくてよい人がたくさんいます。

そのため、「消費税ならば、誰《だれ》も逃《のが》れることができないので、幅広《はばひろ》く課税される公平な税制だ」という意見が、主として財務省側から出されているのでしょう。

確かに、「消費税には、公平に幅広く税金を負担してもらえるという面があり、もし消費税に依《よ》らないならば、一部の資産家ばかりを狙《ねら》わなければいけなくなる」というような美化した言い方も、当然あるとは思います。しかし、その反面、消費税というのは、「回避《かいひ》しよう」と思えば回避できないことはありません。

要するに、買わなければ払《はら》わなくて済むのであり、消費税が上がった分だけ買う量を減らしていけば、負担は増えないことになるわけです。

「消費税上げ」を決めた安倍《あべ》首相のポピュリズム

その意味では、経済成長を目指している政権が、安易に消費税に頼《たよ》るというのは、実に大きな賭《か》けに出たことになるのではないでしょうか。もしかしたら、某省《ぼうしょう》に祭り上げられて「次の総理」を目指している人あたりが張り切っているのかもしれません。

以前にも、某省の言うことに乗っかって消費税増税を進めたら総理になれた人が、ほかの政党にいたので、そういうことを、また煽《あお》られてやっているる可能性があります。もしかしたら、安倍《あべ》首相は、自分の在任期間が縮まることを承知しつつ、増税を呑《の》まされたのではないかという気もしなくはありません。

また、私から見ると、消費税上げに際して、安倍首相が吉田松陰《よしだしょういん》の言葉を引いたりするのは実に問題が多いので、本当は、こういう大学用の説法《せっぽう》ではなく、「吉田松陰 vs. 安倍晋三守護霊《しんぞうしゅごれい》」という霊言対決を収録しようかと思ったりもしたのです。ただ、「やはり、今は控《ひか》えたほうがよいかな」と思い、グッとこらえました（注。本収録後、十月八日に、吉田松陰を招《しょう》霊《れい》し、公開霊言《れいげん》を収録した。『吉田松陰は安倍政権をどう見ているか』〔幸福実現党刊〕参照）。

安倍首相は、神様のご機嫌《きげん》を取るべく、伊勢神宮にも行かれたそうなので、いろいろなところに目配りはなされているようです。

このへんのフットワークのよさは、さすがのバランス感覚というか、ポピュリズム的な面での天才性を持っている人だと思います。

「単なる信念の人ではなく、そうした人気の取り方について十分に才能を持っている。やはり、宰相《さいしょう》には、普通《ふつう》の人ではなれないものなのだな」と、私はつくづく感じました。そこで最近は、「『謙虚学《けんきょがく》』でも、発明しなければいけないかな」と思ったりしているところです（笑）。

われわれのつくった政党（幸福実現党）は、正直一本槍《やり》なせいか、バカの一つ覚えのように同じことばかり発言しています。その、矛盾《むじゅん》した行動を平気で取れないバカさ加減が、選挙で負け続けている原因ではあるのでしょう。しかし、良心というものがあるので、どうしても二股《ふたまた》、三股《みまた》をかけて、いろいろなことをすることができません。

例えば、応援《おうえん》者の人数を増やしさえすればいいのであれば、違う場所で違うことを言っておくことで、その数は増えてくるわけです。お互《たが》いに話が分かっていなければ、そのようにできるのですが、私も、そのへんのところが十分に〝指導〟できないことを、まことに申し訳なく思っています。

ただ、現政権については、今のところあまり深入りはしませんので、幸福実現党の新党首に、趣味の温泉巡《めぐ》りをしながら（笑）頑張《がんば》っていただくしかないでしょう。私のほうは、やや出番を控えたほうがよいのではないかと考えています。

いずれにせよ、装置としての「三権分立」とか、あるいは、「身分制の固定の破壊《はかい》」とか、さらには、「黒人・白人の差別の撤廃《てっぱい》」「投票権の自由化」「収入による差別の廃止」など、いろいろなことはありえるのですが、それら全部が今、文明実験中のように見えてしかたありません。さまざまなものが文明実験の最中《さなか》にあるわけです。

7　国際政治に指針を示す

アメリカが「強腰《つよごし》」になれない事情とは

オバマ大統領も、最初は「チェインジ！」と言って登場したのですが、結局のところ、「チェインジ！」と同じようなこと（政権交代）を唱えていた鳩山《はとやま》元首相にじわじわと似てきた感じがします。

やはり、基本的に似たような思想を持っていれば、遅《おそ》い早いの違《ちが》いはあっても、似たようなところに引っ張っていかれるのではないでしょうか。

現在、アメリカでは八十万人の公務員が自宅待機の状態にあるわけです（説法《せっぽう》当時）。

もちろん、「軍隊にはそうさせない」と言われてはいますが、軍隊まで自宅待機をさせられたら話になりません。空母に乗っていたところ、「予算の関係上、半分は空母から下りてもらう」などと言われたら、どうするのでしょうか。「ボートに乗って港まで漕《こ》いでいって、しばらく休んでもらう」ということになるのかどうか分かりませんけれども（会場笑）、軍隊についてては「しない」とは言っています。

しかし、実際には、税金問題、および税収問題等が、シリア問題でアメリカが強腰《つよごし》になれなかった理由でしょう。実は、中国や北朝鮮《きたちょうせん》問題等についても、外交を中心に行っているのは、「お金がかからない」という理由からかもしれません。

そういう意味で、アメリカの国際的威信《いしん》は下がってきつつあるように思います。

核《かく》兵器をめぐるイランとイスラエルの思惑《おもわく》

一方では、イランのロウハニ大統領が、「われわれの欲《ほっ》しているのは原子力の平和利用技術だけである」などと、なかなか上手な物言いで、いろいろなところに空手形《からてがた》を出し、うまいこと取り入りに入っていますが、それに対して、早くもアメリカが懐柔《かいじゅう》されていきそうな感じが漂《ただよ》っています。予算がない状態であれば、何でもよいので、戦争をしない理由にしたいものなのでしょう。

ただ、イスラエルのネタニヤフ首相は、「イスラエル単独でも、イランの核《かく》開発は阻止《そし》する」というようなことを言っています。これは、ある意味で非常に勇気ある発言でしょうし、私から見ても、「よくあそこまで言えるな」とは思います。

私は公平な目で見ているつもりではいますけれども、自分の国が核兵器を持っているにもかかわらず、よその国が核兵器開発をすることに対して、

「即《そく》、攻撃《こうげき》をかける権利がある」というようなところまで言えるのは、なかなかすごいことには違いありません。「自分の国は絶対的な善で、向こうは絶対的な悪だ」と思い込《こ》まないかぎり、あそこまでの発言は、そう簡単にできないでしょう。もちろん、イランとしても、イスラエルに攻撃を仕掛《しか》けられることを恐《おそ》れてやっているのだとは思います。

ともかく、「イスラム教を信じている者は核兵器を持ってはならない。しかし、イスラム教ではなく、キリスト教やユダヤ教を信じている者は核兵器を持っても構わない。また、無神論者も持っても構わない。ただし、仏教徒系統等、あるいは、日本は持ってはいけない」というような考え方が通っているようです。

「一方の側にだけ神が立っている」という考え方の問題点

ところが、最近、広島市長は、「核兵器そのものが悪魔《あくま》の兵器なのだ」と言い切っていました。

そうであれば、「核兵器を保有している国連の常任理事国五カ国は、すべて悪魔の国である」ということになりかねないでしょう。「どうせなら、そこまで言ってしまったらどうか」と思わなくもありません。広島の市長や長崎《ながさき》の市長が言う分には、世界の国々も多少は聞いてくれるのではないでしょうか。

そういう意味では、国連常任理事国はすべて核兵器を廃絶《はいぜつ》すべきだと思います。その上で、ほかの国が持つことを禁じるのであれば非常に筋の通った話であるけれども、「常任理事国は持ち続けるが、ほかの国は持ってはいけない」というのは筋が通らないでしょう。

もし、そうしたことが、宗教に基《もと》づく考えによって、あるいは、先の大戦に基づく「民主主義　対　ファシズム」論が固定されることで言われているのなら、そこには問題があります。なぜならば、ほかの国に対して、いかなる努力の余地も認めないことを意味するからです。

例えば、イスラエルという国にしても、『旧約聖書』に名を記《しる》した誇《ほこ》り高い歴史のある国です。また、キリスト教国では、『新約聖書』だけでなく『旧約聖書』も併《あわ》せて読んでいますので、そういう文化的な遺産《いさん》を受けているために、「イスラエルという国が残っているのはよいことだ」と考えている面が多いのだろうとは思います。

しかし、客観的に言えば、現実に千九百年間も国がなかったにもかかわらず、第二次大戦が終わったことによって、強国が無理強《じ》いし、パレスチナの土地を与《あた》え、そこに住んでいた人々を追い出して国を建てさせたわけです。

それに対して、周りの先住民族が反発を持つのは当たり前のことではありましょう。

本当なら、土地をもらったほうが、「仲間に入れて、住まわせていただき、ありがとう」と言うべきであると思います。日本的伝統から言っても、そうでしょう。勝手に入ってきて住んだのであれば、あとから来た者がお礼を言うのが筋です。

ただ、そちらのほうが武装を強化し、自分たちが生き残るために、「ほかのところをすべて滅《ほろ》ぼしてでも生き残る」というような考えを持っているのであれば、警戒《けいかい》されるのは当然ではないでしょうか。

やはり、「一方の側にだけ神が立っている」という安易な考え方には問題があるかもしれません。いまだにイスラエルの神がそういう神であるならば、『旧約聖書』のなかに、時折《ときおり》、顔を現しているような民族神《しん》にしかすぎないと思われます。

「世界の未来設計」に日本も加わりたい

このへんについては、もう少し宗教融和《ゆうわ》や相互《そうご》理解が進まなければいけないでしょうし、さらには、文化的なレベルにおいても融和が進まなければいけないと考えています。

同時に、イスラム圏《けん》における「現代社会に適応できなくなっている部分についての改善運動」、本当の意味での「明治維新《いしん》的な文明開化」が必要なのではないでしょうか。

そのように、イスラム圏内での自主改革も進めつつ、イスラエルとの関係についても、もう少し共通の基盤《きばん》を持って友好関係を保てるように努力なされたほうがよいと思います。ただし、私には、一方的に片方の味方をする気持ちがないことはもちろんです。

いずれにせよ、未来をどのような方向に持っていくかについては、いろいろな面で難しいところがあります。

特に今、アメリカの「スーパー大国からの転落」、あるいは、プーチン大統領の「寝技《ねわざ》一本」がそうとうこたえてきているわけです（注。「シリアの化学兵器を国際管理する」というプーチン大統領の提案を受け、オバマ大統領は「シリアへの武力攻撃をしない」と発表した）。

しかし、「これからどのように未来を設計していくか」ということに関しては、日本も一枚加わりたいものです。

そういう意味で、私は、国際政治および国内政治、さらには日本の国のあり方についても考え方を進めていきたいと考えているのです。

8　自由からの「未来創造」

幻想《げんそう》にすぎない「社会保障と税の一体改革」

やはり、もともと野田《のだ》前首相のころから掲《かか》げられていた「社会保障と税の一体改革」ということ自体が、実際には幻想《げんそう》なのだと言わざるをえません。本当であれば、このようなことは言ってはいけないことです。こういう言い方をすれば、税金は無限に取れることになるからです。

要するに、いくら失業しても構わない社会ができるわけです。それは、「失業しても、国が面倒《めんどう》を見てくれる社会」ということになるでしょう。

この手のことをした場合、一時的に、応急措置《そち》として助かることがあったとしても、これで恒久的《こうきゅう》に発展した国など、いまだに存在しません。必ず、英国病のようなものにかかるはずです。

例えば、戦争のために、一定期間、増税することがあったとしても必ず戦争は終わります。しかし、社会保障費というかたちで行った場合、ずっと終わらずに続いていく可能性があるのです。

国外逃亡《とうぼう》を準備する中国の富裕層《ふゆうそう》

いずれにしても、国民が、国外に脱出《だっしゅつ》するか、財産だけでも国外に持ち出そうとし始めたら、「最後の段階だ」と考えたほうがよいでしょう。

そのへんについて、国税庁や金融庁《きんゆうちょう》などが一生懸命《いっしょうけんめい》に動き、資産の移動をチェックして、そうさせないように押《お》さえ込《こ》むだけで済むうちはよいのですが、だんだんそれでは済まなくなってくるだろうと思われるのです。

例えば、中国では、長い間、「一人っ子政策」を続けています。これも自由に反するものではあるでしょうが、人口が増えすぎ、収入がなく、食料や資源が不足して困るためにそうした政策を続けているわけです。

ただ、金持ち階級は、現実には脱法行為《こうい》をしています。はっきり言えば、中国では、二人目の子を産めないので、アメリカで代理母を使って出産するのです。要するに、体外受精させた試験管ベビーを、アメリカ人の母親の子宮を借りて、アメリカ人として産ませているわけです。

その費用は諸々合わせて三千万円ぐらいらしいのですが、今、中国人は、十万人単位で、アメリカにおいて第二子、第三子を産んでいるようです。

それらは、もちろん、中国南部の富裕層《ふゆうそう》のケースなのですが、アメリカで子供を産んだ場合、その生まれた子供は、当然、アメリカ市民権を持つことができるので、その子供が大人になったときには、扶養《ふよう》家族として両親等も引き取れるようになるわけです。

つまり、彼らは、いざというときのために、国外逃亡《とうぼう》の準備を始めているのでしょう。

もし、今の政府が財政的に行き詰《づ》まったり、あるいは、弾圧《だんあつ》が非常に激しくなったりした場合、財産没収《ぼっしゅう》等が起こりかねません。それを富裕層は恐《おそ》れているのだと思われます。財産没収をしようとしたり、国外逃亡を阻《そ》止《し》しようとしたり、さまざまなことをしてくる可能性があると見ているために、そこまで知恵《ちえ》を使って、アメリカで「サロゲート」に第二子、第三子を産んでもらうわけです。

ちなみに、「サロゲート」という映画もありましたが、これは別の意味になります。その映画では、「人間が、サロゲートと呼ばれるロボットのような体を借りて、実際には、自分は動かずに、寝《ね》たまま夢を見ているような状態で生活する」という未来社会が描かれていました。

ただ、「サロゲート」とは、通常そういう意味ではありません。これは、英語テキストである『黒帯英語』シリーズ（大川隆法編著）にも収録予定ですが、

『黒帯英語』シリーズ
（宗教法人幸福の科学刊）

「代理母」という訳語があてがわれる英単語です。

その「代理母」と契約《けいやく》して、今、中国人がアメリカで数多く生まれています。要するに、将来の逃亡の準備が始まっているわけです。

なお、ほかの金持ちたちも、あるいはオーストラリアに身内を留学させたり、あるいはカナダに身内を留学させたり、さらには資産を移したり、いろいろと国外逃亡の準備をしています。

こうした、情報通で、将来が見通せる富裕層の動きを見るかぎり、中国の政治・経済の未来に、そうとう行き詰まってくる時代が近づいているらしいことが窺《うかが》えます。

人間にとって大事な基本的概念《がいねん》は「自由」

おそらく日本であっても、そこまで悪くなれば、似たようなことが始まるはずです。ただ、日本は、まだそこまでは行《い》っていないでしょうが、中国は、かなり先行きが切迫《せっぱく》してきているように感じます。

例えば、現時点で、香港《ホンコン》への越境《えっきょう》入学がそうとう増えているという情報も出ています。中国の広東省《カントンしょう》あたりから香港の学校まで通っている子供が増えているようですから、これも脱出の準備でしょう。何とかして香港市民権を取るための準備をしていると思われます。

結局、「自由を与《あた》えたら、人がどのように動いていくか」を見れば、「その政体が、よい政体か悪い政体か」「よい社会制度であるか、そうでないか」ということは分かってくるわけです。

だからこそ、私は、「人間にとって大事な基本的概念《がいねん》を挙げるとしたら、『自由』を挙げたほうがよい」と考えているのです。

「自由」「平等」「博愛」等、いろいろな概念はありますが、やはり、「自由」を与えれば、人間の尊厳を守る方向に行動を取れるようになっていきますので、この部分をチェックしておけばよいはずです。

ちなみに、中国などでは、インターネットを使えたにしても、〝インターネット警察〟が三十万人もいて取り締《し》まりをしているようですが（注。

最近では二百万人説もある）、このようなことになってくると、いたちごっこでしょうし、いずれ行き詰まる世界だとは思います。

やはり、「情報発信の自由」や「情報を読む自由」があったとしても、「検閲《けんえつ》の自由」がいくらでも入ってくるならば、不自由な世界になるのではないでしょうか。

したがって、人々が逃《に》げ出したくなるような世の中、あるいは、何らか別の手段を講じないと生きていけなくなるような世の中は、よくない世の中なのだと考えたほうがよいと思います。

日本社会の将来を考える意味でも、「自由な状態に置かれたときに望ましい国であるかどうか」ということを、よく考えたほうがよいでしょう

（注。日本でも富裕層の国外脱出に財産税を五十パーセントかける案があるという。例えば、節税目的でシンガポールに三億円を持って逃げても、国外脱出時に一・五億円は取られるという）。

「宗教的なもの」を考慮《こうりょ》した上での法学・政治学を

いずれにしても、「言論の自由」等は、「信教の自由」と相まって非常に重要なものなので、「抑圧《よくあつ》」や「差し止《と》め」などは極力控《ひか》えたほうがよいと私は思います。

たとえ、大国であっても、そういうことが行われているところでは、事実上、国民に「発言の自由」や「思想・信条の自由」は保障されていません。

そうした自由はできるだけあったほうがよいわけですが、その基《もとい》には、人間の持つ道徳律、カント的に言うならば、「ほかの人がまねをしてもよいことを、なしなさい」というような格率《かくりつ》があるべきです。

やはり、社会の全員とは言わないまでも、リーダー層に位置する、もしくは、値《あたい》するような人たちには必要でしょう。「自分たちがなすことを、ほかの人たちがまねしてもよい」というようなな、そういう行動をリーダー

イマヌエル・カント
(1724～1804)
カント哲学において、格率(Maxime)とは、主観的原則のこと。カントは、それが、客観的法則となるような行動を求めた。

層が取れる国家をつくっていかねばなりません。

実際に、富裕層や、政治的に特別な地位を持っているような人たちが、海外に資産を逃がしたり、あるいは、海外で子孫をつくるとか、海外に別《べっ》荘《そう》を持つとかして、いつでも逃げ出せるような準備をしたりしているわけです。しかし、こういう国家は、よい国家ではないでしょう。

やはり、良心に基《もと》づいて行動し、その行動をほかの人がまねてもよいような社会をつくっていきたいと思いますし、そうしたことが、自由な判断のなかで、おのずと行われるような未来社会をつくっていくことこそ、大事なことではないでしょうか。

「未来創造」は、その方向でなされていくべきであると思います。

そういう意味で、「政治の哲学《てつがく》」、あるいは「法律の哲学」「法哲学」の根本《こんぽん》において、「人間を、自由の状態に置いた場合、立場が上に上がっていけばいくほど、人間的に立派になる。そして、その人がやることを、ほかの人がまねしても社会がよくなる」という観点が大事であり、そういう方向に導かれている社会がつくられていくことがよいでしょう。

法律や政治制度も、その方向で運営されていかねばなりませんし、税制、あるいは、立法も含《ふく》めて、そのように考えていくことが望ましいと思います。

そうした方向性を一定の視点として持ちながら、新しい法律の作成や、政治の判断、行政行動等をなさねばならないのではないでしょうか。

「法治国家におけるあらゆる行動に関して、もう一段高い道徳律、根源的なる考え方から入っていくことが望ましい未来であるのではないか」と述べておきます。

その意味において、宗教的なものも考慮《こうりょ》した上での法律学や政治学、あるいは、国際関係学、外交学等がつくられていくことも大事だと考えます。

以上が、「『未来創造学』入門」です。

あとがき

未来の政治は自由からの繁栄を保障するものでなくてはなるまい。伸び伸びとした個人の活躍が、国を豊かにしつつも、社会の道徳律を高めるものでなくてはなるまい。

間違っても、侵略的で独裁的な、専制国家を創ってはなるまい。宗教が一定のモラルの基礎を形づくりつつ、言論・表現・出版・結社の自由が認められなくてはなるまい。結果の平等を求めるのではなくチャンスの平等を保障し、失敗の自由を認めつつも、失敗から立ち直る自由がある社会が望ましい。政府は放置すると自己増殖し、大きな政府化し、増税を当然としていくようになるので、国際競争力を落とさない努力が必要だ。自国民が多数、外国への移住を望む国家は悪い国家で、各国から留学や移住を求めてくる人々が多数出てくる国家が現代の「パラダイス」なのだ。

二〇一三年　十月二十九日

幸福《こうふく》の科学《かがく》グループ創始者兼総裁《そうししゃけんそうさい》

幸福《こうふく》の科学大学創立者《かがくだいがくそうりつしゃ》　大川隆法《おおかわりゅうほう》

『「未来創造学」入門』大川隆法著作関連書籍

『フロイトの霊言』（幸福の科学出版刊）
『マルクス・毛沢東のスピリチュアル・メッセージ』（同右）
『公開霊言 ニーチェよ、神は本当に死んだのか？』（同右）
『進化論―150年後の真実』（同右）
『吉田松陰は安倍政権をどう見ているか』（幸福実現党刊）

「未来創造学《みらいそうぞうがく》」入門《にゅうもん》

──未来国家を構築する新しい法学・政治学──

2013年11月25日　初版第1刷

著　者　　大《おお》　川《かわ》　隆《りゅう》　法《ほう》

発行所　　幸福の科学出版株式会社

〒107-0052 東京都港区赤坂2丁目10番14号
TEL(03)5573-7700
http://www.irhpress.co.jp/

印刷・製本　株式会社 堀内印刷所

落丁・乱丁本はおとりかえいたします

ISBN978-4-86395-408-3 C0030
Photo: ©VGL/orion/amanaimages アフロ

大川隆法 ベストセラーズ・「幸福の科学大学」が目指すもの

新しき大学の理念

「幸福の科学大学」がめざす ニュー・フロンティア

2015年、開学予定の「幸福の科学大学」。日本の大学教育に新風を吹き込む「新時代の教育理念」とは? 創立者・大川隆法が、そのビジョンを語る。

1,400円

「経営成功学」とは何か

百戦百勝の新しい経営学

経営者を育てない日本の経営学!? アメリカをダメにしたMBA!? 幸福の科学大学の「経営成功学」に託された経営哲学のニュー・フロンティアとは。

1,500円

「人間幸福学」とは何か

人類の幸福を探究する新学問

「人間の幸福」という観点から、あらゆる学問を再検証し、再構築する——。数千年の未来に向けて開かれていく学問の源流がここにある。

1,500円

※表示価格は本体価格(税別)です。

大川隆法ベストセラーズ・「幸福の科学大学」が目指すもの

宗教学から観た「幸福の科学」学・入門

立宗27年目の未来型宗教を分析する

幸福の科学とは、どんな宗教なのか。教義や活動の特徴とは？ 他の宗教との違いとは？ 総裁自らが、宗教学の見地から「幸福の科学」を分析する。

- **「幸福の科学」の名に込められた趣旨**
- **70年代、80年代に発祥した新宗教の分析**
- **資本主義、民主主義を肯定する発展型宗教**
- **世界宗教・幸福の科学の可能性** ほか

1,500円

「未来産業学」とは何か

未来文明の源流を創造する

新しい産業への挑戦――「ありえない」を、「ありうる」に変える！ 未来文明の源流となる分野を研究し、人類の進化とユートピア建設を目指す。

- **世界の危機を救う「食料問題」の研究**
- **国の未来を救う「エネルギー問題」の研究**
- **「宇宙技術の開発」は日本の急務**
- **「深い信仰心」と
「よい科学者」は両立できる** ほか

1,500円

幸福の科学出版

大川隆法霊言シリーズ・法学・政治学の権威が語る

憲法改正への異次元発想

憲法学者NOW・
芦部信喜 元東大教授の霊言

憲法九条改正、天皇制、政教分離、そして靖国問題……。参院選最大の争点「憲法改正」について、憲法学の権威が、天上界から現在の見解を語る。
【幸福実現党刊】

1,400円

スピリチュアル政治学要論

佐藤誠三郎・元東大政治学教授の
霊界指南

憲法九条改正に議論の余地はない。生前、中曽根内閣のブレーンをつとめた佐藤元東大教授が、危機的状況にある現代日本政治にメッセージ。

1,400円

篠原一東大名誉教授「市民の政治学」その後

幸福実現党の時代は来るか

リベラル派の政治家やマスコミの学問的支柱となった東大名誉教授。その守護霊が戦後政治を総括し、さらに幸福実現党への期待を語った。
【幸福実現党刊】

1,400円

2015年開学予定!
HSU 幸福の科学大学

（仮称）設置認可申請予定

幸福の科学大学は、日本の未来と世界の繁栄《はんえい》を拓《ひら》く
「世界に通用する人材」「徳あるリーダー」を育てます。

校舎棟イメージ図

幸福の科学大学が担う使命

「ユートピアの礎《いしずえ》」

各界を変革しリードする、徳《とく》ある英才・真のエリートを連綿《れんめん》と輩出《はいしゅつ》し続けます。

「未来国家創造の基礎《きそ》」

信仰心《しんこうしん》・宗教的価値観を肯定《こうてい》しつつ、科学技術の発展や
社会の繁栄《はんえい》を志向《しこう》する、新しい国づくりを目指します。

「新文明の源流」

「霊界《れいかい》」と「宇宙」の解明を目指し、新しい地球文明・文化のあり方を
創造・発信し続けます。

幸福の科学大学の魅力

1 夢にチャレンジする大学

今世《こんぜ》の「使命」と「志《こころざし》」の発見をサポートし、学生自身の個性や強みに基づいた人生計画の設計と実現への道筋を明確に描きます。

2 真の教養を身につける大学

仏法真理を徹底的に学びつつ心の修行を重ね、魂の器《うつわ》を広げます。仏法真理を土台に、正しい価値判断ができる真の教養人を目指します。

3 実戦力を鍛える大学

実戦《じっせん》レベルまで専門知識を高め、第一線で活躍するリーダーと交流を持つことによって、現場感覚や実戦力を鍛《きた》え、成果を伴《ともな》う学問を究《きわ》めます。

4 世界をひとつにする大学

自分の意見や考えを英語で伝える発信力を身につけ、宗教や文化の違いを越えて、人々を魂レベルで感化《かんか》できるグローバル・リーダーを育てます。

5 未来を創造する大学

未来社会や未来産業の姿を描き、そこから実現に必要な新発見・新発明を導き出します。過去の思想や学問を総決算し、新文明の創造を目指します。

校舎棟の正面

学生寮

大学完成イメージ

Noblesse《ノーブレス》 Oblige《オブリージ》

「高貴なる義務」を果たす、
「真のエリート」を目指せ。

幸福の科学学園
中学校・高等学校（那須本校）

Happy Science Academy Junior and Senior High School

「私は、
教育が人間を創ると
信じている一人である。
若い人たちに、
夢とロマンと、精進、
勇気の大切さを伝えたい。
この国を、全世界を、
ユートピアに変えていく力を
出してもらいたいのだ。」

（幸福の科学学園 創立記念碑より）

幸福の科学学園 創立者
大川隆法

幸福の科学学園（那須本校）は、幸福の科学の教育理念のもとにつくられた、男女共学、全寮制の中学校・高等学校です。自由闊達な校風のもと、「高度な知性」と「徳育」を融合させ、社会に貢献するリーダーの養成を目指しており、2013年4月には開校三周年を迎えました。

Noblesse《ノーブレス》 Oblige《オブリージ》

「高貴なる義務」を果たす、
「真のエリート」を目指せ。

2013年 春 開校

幸福の科学学園
関西中学校・高等学校

Happy Science Academy
Kansai Junior and Senior High School

私は日本に
真のエリート校を創り、
世界の模範としたい
という気概に満ちている。
『幸福の科学学園』は、
私の『希望』であり、
『宝』でもある。
世界を変えていく、
多才かつ多彩な人材が、
今後、数限りなく
輩出されていくことだろう。
（幸福の科学学園関西校 創立記念碑より）

幸福の科学学園 創立者
大川隆法

滋賀県大津市、美しい琵琶湖の西岸に建つ幸福の科学学園（関西校）は、男女共学、通学も入寮も可能な中学校・高等学校です。発展・繁栄を校風とし、宗教教育や企業家教育を通して、学力と企業家精神、徳力を備えた、未来の世界に責任を持つ「世界のリーダー」を輩出することを目指しています。

幸福の科学学園・教育の特色

「徳ある英才」の創造

教科「宗教」で真理を学び、行事や部活動、寮を含めた学校生活全体で実修して、ノーブレス・オブリージ(高貴なる義務)を果たす「徳ある英才」を育てていきます。

体育祭

天分を伸ばす「創造性教育」

教科「探究創造」で、偉人学習に力を入れると共に、日本文化や国際コミュニケーションなどの教養教育を施すことで、各自が自分の使命・理想像を発見できるよう導きます。さらに高大連携教育で、知識のみならず、知識の応用能力も磨き、企業家精神も養成します。芸術面にも力を入れます。

探究創造科発表会

一人ひとりの進度に合わせた「きめ細やかな進学指導」

熱意溢れる上質の授業をベースに、一人ひとりの強みと弱みを分析して対策を立てます。強みを伸ばす「特別講習」や、弱点を分かるところまでさかのぼって克服する「補講」や「個別指導」で、第一志望に合格する進学指導を実現します。

授業の様子

自立心と友情を育てる「寮制」

寮は、真なる自立を促し、信じ合える仲間をつくる場です。親元を離れ、団体生活を送ることで、縦・横の関係を学び、力強い自立心と友情、社会性を養います。

毎朝夕のお祈りの時間

幸福の科学学園の進学指導

1 英数先行型授業

受験に大切な英語と数学を特に重視。「わかる」(解法理解) まで教え、「できる」(解法応用)、「点がとれる」(スピード訓練) まで繰り返し演習しながら、高校三年間の内容を高校二年までにマスター。高校二年からの文理別科目も余裕で仕上げられる効率的学習設計です。

2 習熟度別授業

英語・数学は、中学一年から習熟度別クラス編成による授業を実施。生徒のレベルに応じてきめ細やかに指導します。各教科ごとに作成された学習計画と、合格までのロードマップに基づいて、大学受験に向けた学力強化を図ります。

3 基礎力強化の補講と個別指導

基礎レベルの強化が必要な生徒には、放課後や夕食後の時間に、英数中心の補講を実施。特に数学においては、授業の中で行われる確認テストで合格に満たない場合は、できるまで徹底した補講を行います。さらに、カフェテリアなどでの質疑対応の形で個別指導も行います。

4 特別講習

夏期・冬期の休業中には、中学一年から高校二年まで、特別講習を実施。中学生は国・数・英の三教科を中心に、高校一年からは五教科でそれぞれ実力別に分けた講座を開講し、実力養成を図ります。高校二年からは、春期講習会も実施し、大学受験に向けて、より強化します。

5 幸福の科学大学(仮称・設置認可申請予定)への進学

二〇一五年四月開学予定の幸福の科学大学への進学を目指す生徒を対象に、推薦制度を設ける予定です。留学用英語や専門基礎の先取りなど、社会で役立つ学問の基礎を指導します。

授業の様子

仏法真理塾

サクセスNo.1

未来の菩薩を育て、仏国土ユートピアを目指す！

仏法真理塾「サクセスNo.1」とは

宗教法人幸福の科学による信仰教育の機関です。信仰教育・徳育にウエイトを置きつつ、将来、社会人として活躍するための学力養成にも力を注いでいます。

サクセスNo.1 東京本校（戸越精舎内）

「サクセスNo.1」のねらいには、「仏法真理と子どもの教育面での成長とを一体化させる」ということが根本にあるのです。

大川隆法総裁　御法話『「サクセスNo.1」の精神』より

仏法真理塾「サクセスNo.1」の教育について

信仰教育が育む健全な心

御法話拝聴や祈願、経典の学習会などを通して、仏の子としての「正しい心」を学びます。

学業修行で学力を伸ばす

忍耐力や集中力、克己心を磨き、努力によって道を拓く喜びを体得します。

法友との交流で友情を築く

塾生同士の交流も活発です。お互いに信仰の価値観を共有するなかで、深い友情が育まれます。

●サクセスNo.1は全国に、本校・拠点・支部校を展開しています。

東京本校
TEL.03-5750-0747　FAX.03-5750-0737

名古屋本校
TEL.052-930-6389　FAX.052-930-6390

大阪本校
TEL.06-6271-7787　FAX.06-6271-7831

京滋本校
TEL.075-694-1777　FAX.075-661-8864

神戸本校
TEL.078-381-6227　FAX.078-381-6228

西東京本校
TEL.042-643-0722　FAX.042-643-0723

札幌本校
TEL.011-768-7734　FAX.011-768-7738

福岡本校
TEL.092-732-7200　FAX.092-732-7110

宇都宮本校
TEL.028-611-4780　FAX.028-611-4781

高松本校
TEL.087-811-2775　FAX.087-821-9177

沖縄本校
TEL.098-917-0472　FAX.098-917-0473

広島拠点
TEL.090-4913-7771　FAX.082-533-7733

岡山拠点
TEL.086-207-2070　FAX.086-207-2033

北陸拠点
TEL.080-3460-3754　FAX.076-464-1341

大宮拠点
TEL.048-778-9047　FAX.048-778-9047

全国支部校のお問い合わせは、
サクセスNo.1 東京本校（TEL. 03-5750-0747）まで。

メール info@success.irh.jp

エンゼルプランV

信仰教育をベースに、知育や創造活動も行っています。

信仰に基づいて、幼児の心を豊かに育む情操教育を行っています。また、知育や創造活動を通して、ひとりひとりの子どもの個性を大切に伸ばします。お母さんたちの心の交流の場ともなっています。

TEL 03-5750-0757　FAX 03-5750-0767
メール angel-plan-v@kofuku-no-kagaku.or.jp

ネバー・マインド

不登校の子どもたちを支援するスクール。

「ネバー・マインド」とは、幸福の科学グループの不登校児支援スクールです。「信仰教育」と「学業支援」「体力増強」を柱に、合宿をはじめとするさまざまなプログラムで、再登校へのチャレンジと、進路先の受験対策指導、生活リズムの改善、心の通う仲間づくりを応援します。

TEL 03-5750-1741　FAX 03-5750-0734
メール nevermind@happy-science.org

ユー・アー・エンゼル！（あなたは天使！）運動

障害児の不安や悩みに取り組み、ご両親を励まし、勇気づける、障害児支援のボランティア運動です。学生や経験豊富なボランティアを中心に、全国各地で、障害児向けの信仰教育を行っています。保護者向けには、交流会や、医療者・特別支援教育者による勉強会、メール相談を行っています。

TEL 03-5750-1741　FAX 03-5750-0734
メール you-are-angel@happy-science.org

シニア・プラン21

生涯反省で人生を再生・新生し、希望に満ちた生涯現役人生を生きる仏法真理道場です。週1回、開催される研修には、年齢を問わず、多くの方が参加しています。現在、全国8カ所（東京、名古屋、大阪、福岡、新潟、仙台、札幌、千葉）で開校中です。

東京校 TEL 03-6384-0778　FAX 03-6384-0779
メール senior-plan@kofuku-no-kagaku.or.jp

入会のご案内

あなたも、幸福の科学に集い、ほんとうの幸福を見つけてみませんか？

幸福の科学では、大川隆法総裁が説く仏法真理をもとに、
「どうすれば幸福になれるのか、また、
他の人を幸福にできるのか」を学び、実践しています。

入会

大川隆法総裁の教えを信じ、学ぼうとする方なら、どなたでも入会できます。入会された方には、『入会版「正心法語」』が授与されます。（入会の奉納は1,000円目安です）

ネットでも**入会**できます。詳しくは、下記URLへ。
happy-science.jp/joinus

三帰《さんき》誓願《せいがん》

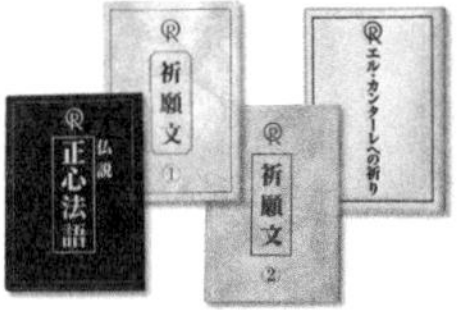

仏弟子としてさらに信仰を深めたい方は、仏・法・僧の三宝への帰依を誓う「三帰誓願式」を受けることができます。三帰誓願者には、『仏説・正心法語』『祈願文①』『祈願文②』『エル・カンターレへの祈り』が授与されます。

植福《しょくふく》の会

植福は、ユートピア建設のために、自分の富を差し出す尊い布施の行為です。布施の機会として、毎月1口1,000円からお申込みいただける、「植福の会」がございます。

「植福の会」に参加された方のうちご希望の方には、幸福の科学の小冊子（毎月1回）をお送りいたします。詳しくは、下記の電話番号までお問い合わせください。

月刊「幸福の科学」

ザ・伝道

ヤング・ブッダ

ヘルメス・エンゼルズ

INFORMATION
幸福の科学サービスセンター
TEL. 03-5793-1727（受付時間 火〜金：10〜20時／土・日：10〜18時）
宗教法人 幸福の科学 公式サイト **happy-science.jp**